✝ M.-B. GUENIN

des Frères-Prêcheurs

La Victoire de la Marne

Œuvre des hommes et œuvre de Dieu

:: :: Paroles prononcées :: ::
en la Cathédrale de Meaux
le Dimanche 6 Septembre 1925

PARIS

LIBRAIRIE DOMINICAINE

222, rue du Faubourg-Saint-Honoré, 222

1925

M.-B. GUÉNIN

des Frères-Prêcheurs

La Victoire de la Marne

Œuvre des hommes et œuvre de Dieu

:: :: Paroles prononcées :: ::
en la Cathédrale de Meaux
le Dimanche 6 Septembre 1925

PARIS

LIBRAIRIE DOMINICAINE

222, rue du Faubourg-Saint-Honoré, 222

—

1925

La Victoire de la Marne

OEuvre des Hommes et œuvre de Dieu

Mesdames, Messieurs,
Mes chers Camarades.
Mes bien chers Frères,

Il y a onze ans, la bataille que nous commémorons en ce jour se déroulait de Paris jusqu'à Verdun. Un régiment de cette dernière ville, le 165ᵉ, était, vers 6 heures du soir, engagé à l'extrême droite de l'armée française et s'avançait en petites formations sur un glacis balayé par les mitrailleuses ennemies. Un soldat de la garde du drapeau de ce régiment tombait atteint d'une balle à la tête. Il n'avait pas été frappé à mort, mais il restait sans connaissance sur le sol. Dieu ne lui avait pas demandé sa vie, comme à tant d'autres ; il n'avait voulu de lui, dans le grand sacrifice qui se consommait, que quelques gouttes de son sang...

C'est à ce soldat, c'est à ce combattant blessé du 6 septembre 1914, que vous avez réservé, Monsieur le Président du *Souvenir Français*, le redoutable honneur de succéder en cette chaire à tant de prélats, à à tant d'orateurs éminents, pour célébrer devant vous et avec vous la victoire de la Marne.

N'ai-je pas raison de dire : redoutable honneur ? De cette incomparable victoire qui sauva la France, j'ai à parler devant les délégués de nos pouvoirs publics, des puissances étrangères, des grandes associations militaires et patriotiques de France, — devant vous, Messieurs les représentants de M. le Président de la République, de M. le Président du Conseil et Ministre de la Guerre, de M. le Ministre de la Marine, devant vous, Messieurs les représentants du Conseil général du Département de la Seine et du Conseil municipal de la Ville de Paris, devant vous, Monsieur le Général Pau, qui rappelez ici, avec toute la vaillance de notre armée, cinquante années de notre histoire nationale, devant toute une assemblée d'anciens combattants, c'est-à-dire de héros inconnus, qui savent se souvenir d'une victoire que ni la France ni l'humanité n'ont le droit d'oublier.

N'ayant été qu'un simple figurant du grand drame, je sens, mieux que personne, tout ce qui manque à ma parole de compétence, d'autorité, d'éloquence, pour traiter comme il convient, comme vous le désirez, avec toute l'ampleur qu'il mérite, un tel sujet. J'aurais certes hésité devant l'honneur qui m'était fait ; je l'aurais même décliné, si je ne m'étais souvenu qu'il faut parfois, dans la vie comme sur les champs de bataille, affronter en même temps que les périls du devoir, l'accusation de témérité.

Mais, mes Frères, vous serez indulgents, j'en suis certain, pour moi comme pour mes paroles, vous, surtout, mes chers camarades, car c'est l'un des vôtres, — et bien des vôtres, je vous assure, — qui va vous parler avec tout son cœur de soldat de France et de prêtre de Dieu.

*
* *

Je n'ai pas à vous redire ici les mauvais jours d'août 1914, la déclaration de guerre, l'agression allemande, l'invasion de la Belgique, la campagne d'Alsace, la bataille de Charleroi, la retraite sur l'Aisne, l'arrêt sur la Marne, la reprise de la lutte dans un combat décisif ; je n'ai pas à vous refaire l'historique, heure par heure, point par point, de cette bataille de la Marne, commencée le 6 septembre et terminée le 13 par une victoire éclatante, qui a été et qui reste l'étonnement du monde entier ; je n'ai pas à vous montrer la grandeur de cette victoire et ce qui fait cette grandeur : la puissance de l'assaillant qu'il a fallu vaincre, les sacrifices qu'une telle victoire a exigés, les malheurs qu'elle a écartés, les biens supérieurs qu'elle a sauvés, les autres victoires qu'elle a préparées et la paix glorieuse que toutes ensemble elles nous ont obtenue. Tout cela, vous le savez, et mieux que moi-même. C'est une page d'histoire que vous avez écrite ou que vous avez lue et qui est à jamais gravée dans votre souvenir.

Mais je veux considérer avec vous la victoire de la Marne comme un effet dans les causes qui l'ont produite. En vous les exposant les unes après les autres, je n'entends nullement les isoler, les séparer, encore moins diminuer celles-ci pour grandir celles-là. Ce que je me propose de vous dire, c'est que la victoire de la Marne est un fait d'histoire, immense dans ses conséquences innombrables, ou si vous aimez mieux, une œuvre féconde, née d'une collaboration tout à la fois humaine et divine. Je crois remplir un devoir de justice et plus encore de reconnaissance en vous montrant dans cet événement formidable la part des hommes et la part de Dieu.

I

La part des hommes

J'irai droit au but... La part des hommes, la voici :

D'abord les vertus de race qui ont préparé la victoire.

Dans le chef suprême, c'est le sang-froid. — un sang-froid qui ne s'émeut pas d'un revers momentané, qui garde à l'esprit toute sa claire vision des situations sans cesse modifiées, qui prescrit tranquillement le repli et le regroupement des forces, qui sait attendre l'heure favorable et fatale. Un tel sang-froid, en de telles conjonctures, est vraiment du génie.

Dans le chef suprême et dans tous les chefs qui commandent sous ses ordres, c'est la stratégie française, une science classique, souple comme notre caractère national, faite des expériences de notre passé et des traditions de notre Ecole de guerre, qui apprend à rechercher la bataille pour la livrer à son heure, qui coordonne et articule les forces et qui, dès que les circonstances le permettent, déclenche l'offensive.

Dans les soldats combattants, ce sont deux vertus militaires : la discipline et le courage, qui disent à chacun : « Tiens-toi prêt à donner ta vie au premier ordre et cet ordre reçu, marche au devant de la mort, en gardant ta place dans le rang, en mettant de la méthode dans ton dévouement et de la régularité dans ton sacrifice. Il ne s'agit pas de mourir en tumulte ; il faut mourir en beauté. »

Dans le pays tout entier, — car, mes Frères, dans la victoire de la Marne, n'oublions pas la France, la France admirable de dignité, vraiment grande comme les heures tragiques qu'il lui faut vivre, — dans la France, hier encore divisée par tant d'opinions, c'est l'union sacrée qui rassemble tous les partis autour du chef de l'Etat et du gouvernement ; c'est la confiance quand même, l'invincible foi en une destinée qui a été trop belle dans le passé pour s'effondrer lamentablement dans la boue et et dans le sang, dans la honte d'une défaite sans revanche et dans la nuit d'un tombeau sans résurrection.

*
* *

Sang-froid et science militaire, discipline et courage, union et confiance, tout cela, vertus humaines qui ont préparé la victoire ; mais ce ne sont pas ces vertus qui l'ont réalisée.

Ce qui a réalisé la victoire de la Marne, mes Frères, c'est la volonté de vaincre, la volonté de vaincre unanime et suprême !

La volonté de vaincre ! Superbe expression, a-t-on dit, en qui se résument et se condensent toutes les forces morales... La volonté de vaincre, — cette volonté de briser sur le champ de bataille par une supériorité stratégique la volonté de l'ennemi, — c'est elle qui, vigoureuse et tenace, portée à son paroxysme, dominant sans défaillance tous les sentiments, passe, comme un fluide, de l'âme du chef suprême dans l'âme du dernier homme de troupe, qui unifie toutes les intelligences dans une seule idée, qui concentre toutes les volontés vers un seul but : la victoire ! encore la victoire ! toujours la victoire !

Elle est reine à la guerre et elle commande tout dans la bataille.

Elle dit au chef qui mène l'action : « Voilà les décisions à prendre ! Voilà les moyens tactiques à employer ! Coordonne les actions et les réactions de tes troupes ! Sois prêt à parer à toutes les surprises et à profiter de toutes les fautes de l'ennemi ! Ici, défends ! Là, attaque ! Il faut vaincre. Tu vaincras ! »

Elle dit au soldat qui dans la mêlée exécute les ordres : « N'écoute ni les blasphèmes odieux des instincts en révolte contre la mort, ni les suggestions de la lâcheté devant le danger. On t'a dit d'attaquer ; attaque ! On t'a dit de tenir ; tiens ! On t'a dit de te sacrifier ; sacrifie-toi ! L'ennemi ne doit passer qu'en enjambant ton cadavre. Il faut vaincre, tu vaincras ! »

Elle dit au peuple qui à l'arrière attend dans l'angoisse, se demandant s'il doit vivre ou s'il doit mourir : « Ferme tes oreilles aux voix défaitistes des faux prophètes. Que toutes tes ressources matérielles, toutes tes énergies morales, toutes tes initiatives, tous les sacrifices, que toutes tes pensées et tous tes gestes, tout ton génie et toute ton âme s'orientent vers un but unique : la Victoire. Forge des armes, fabrique des munitions, laboure la terre, sème du froment, accepte toutes les restrictions, donne ton or, donne tes richesses, donne tes larmes, donne ton cœur... Il faut vaincre, tu vaincras ! »

Cette volonté de vaincre qui remporte les victoires, qui sauve les patries, qui délivre les peuples, elle était dans votre âme, ô chef suprême de l'armée, lorsqu'au matin du 6 septembre vous lanciez à vos troupes l'ordre du jour à tout jamais célèbre et que je veux relire :

« Au moment où s'engage une bataille dont dépend le salut du pays, il importe de rappeler à tous que le moment n'est plus de regarder en arrière. Tous les efforts doivent être employés à attaquer et à refouler l'ennemi. Une troupe qui ne pourra plus avancer devra coûte que coûte garder le terrain conquis et se faire tuer sur place plutôt que de reculer... »

Cette volonté de vaincre, elle était dans votre âme, ô Maréchal Galliéni, quand, dans l'admirable proclamation, au texte solide et court, qui rendait confiance à toute la population parisienne, vous disiez : « J'ai reçu mission de défendre Paris. Paris sera défendu ».

Elle était dans votre âme, ô Maréchal Maunoury, quand, après avoir concentré votre armée à l'est du camp retranché, vous attaquiez à fond tout le flanc droit de l'ennemi et que, soutenu par des renforts hâtivement amenés en taxi-autos, vous parveniez à vous maintenir contre les efforts désespérés de Von Kluck, en cette bataille de l'Ourcq qui devait provoquer l'heureuse décision du combat.

Elle était dans votre âme, ô soldats, en dépit des pertes subies et des fatigues endurées et elle vous a emportés dans un élan d'héroïsme surhumain, quand le moment fut venu de vous retourner et de sauter à la gorge d'un ennemi qui depuis vingt jours vous talonnait sans répit.

Elle était dans ton âme, ô mon pays ! dans ton âme, ô Paris, cité fière et qui n'a pas tremblé ! dans ton âme, ô terre française, envahie par les Barbares et livrée à toutes les violences ! dans ton âme, ô terre française, qui restais à défendre ! dans ton âme, ô peuple héroïque qui n'as pas voulu mourir, qui as voulu vaincre et qui as vaincu !

Et s'il vous plaît de voir, mes Frères, jusqu'à quel suprême degré elle s'est élevée, cette volonté de vaincre, pour dominer celle de l'ennemi, pour la briser et pour remporter la victoire, regardez l'innombrable légion de ceux qui ont trouvé la mort en cette immense bataille sur ce front de 3oo kilomètres.

Ils avaient entendu l'appel du maréchal Joffre, ils l'avaient compris ; la volonté de vaincre du chef était passée en eux, soldats. Ils sont tombés pour obéir à la grande voie maternelle de la France qui venait de parler. Ils sont tombés pour que l'ennemi ne passe pas, pour que la France soit sauvée et avec elle le droit, la liberté et vingt siècles de civilisation chrétienne.

*
* *

Ainsi la victoire de la Marne a été préparée par le clair génie et la science du maréchal Joffre et de ses lieutenants, par la discipline et le courage de tous les soldats, par l'union et la confiance de tous les Français ; elle a été remportée par la volonté de vaincre de tous, du gouvernement et du peuple, des chefs et des soldats, des vivants et des morts.

Et plus fiers encore du sacrifice que du triomphe, à ceux qui sont tombés pour que la Patrie reste debout, à ceux qui sont morts pour qu'elle soit toujours vivante, nous venons redire :

« Nous ne vous avons pas oubliés, nous, vos frères d'armes, nous ne vous oublierons jamais ! Vous oublier, ce serait vous trahir... Vos poussières humaines reposent dans des panthéons glorieux où vous n'avez pas à craindre de déshonorants voisinages : dans le cœur de la France et dans son histoire, et vos âmes héroïques, victorieuses, immortelles, restent toujours sublimes devant nos yeux, toujours vivantes devant notre souvenir, toujours aimées d'un amour fidèle, plus beau que la gloire, plus grand que la vie, plus fort que la mort.

II

La part de Dieu

Certes, mes Frères, elle est magnifique, notre part humaine, dans la victoire de la Marne ! Pourtant, quoiqu'il en puisse coûter à notre fierté française, convenez avec moi que le génie et la science du chef, la discipline et le courage des soldats, l'union et la confiance de la nation, et même le sacrifice des morts, et même toute notre volonté de vaincre, si unanime et suprême qu'elle ait été, tout cela n'eut pas suffi. Il a fallu que Dieu intervienne !

Je n'ai pas l'intention de remettre en question le mot de *miracle*, qui a été prononcé naguère à l'occasion de la victoire que nous célébrons. J'ai mieux à faire. J'ai tout un enseignement à vous donner.

Penchez-vous donc un instant sur cette radieuse page d'histoire qu'est la bataille de la Marne. Evoquez vos propres souvenirs et dites-moi si vous ne voyez pas nettement en pleine action, dans cet événement surprenant et qui est comme marqué d'un signe surna- turel, la Sagesse infinie et la Toute-Puissance de Dieu, — la Sagesse infinie qui prépare tout pour la victoire, la Toute-Puissance qui la remporte à l'heure marquée dans les desseins éternels.

*
* *

Dieu, qui a créé l'humanité, n'a pas abandonné son œuvre au hasard. Il dirige toute existence à travers des labeurs, des épreuves, des peines, des deuils, des joies précaires et de pauvres bonheurs. Il dirige de même l'existence des peuples à travers des revers, des crises, des gloires et des prospérités. Chacun, — individu ou peuple, — a sa tâche et sa mission à remplir, son rôle à jouer dans le grand drame humain, et il lui est assigné par la Providence divine, pour que l'œuvre toute entière soit dans une incomparable splendeur la manifestation éclatante de la Divinité et des attributs divins. Dieu sait, mes Frères, non pas seulement d'où vous venez, mais où vous allez et il peut dire si, dans le libre exercice de votre activité, vous vous choisirez un avenir éternel de bonheur ou de malheur. D'un peuple, Dieu connaît, non seulement l'histoire, mais la destinée ; il peut dire s'il descendra un jour dans les abîmes de l'oubli ou s'il montera sur les sommets d'une indestructible gloire.

C'est ainsi que Dieu a vu, bien avant les esprits les

plus perspicaces, une nation de proie préparer dans l'ombre une agression monstrueuse, rêver de faire de la France un immense cimetière et de ne nous laisser, à nous, les vaincus, que les yeux pour pleurer. Il l'a abandonnée à son rêve d'orgueil, se réservant de lui dire, au jour où elle viendrait déferler, en flot furieux avec la soudaineté et la violence d'un raz de marée, sur le sol français : « Tu iras jusque-là, tu n'iras pas plus loin ! »

Et pour cela, pour qu'éclate au grand soleil d'une victoire, sans pareille dans toute l'histoire humaine, sa divine justice, pour que la barbarie soit châtiée, l'orgueil abattu et l'injustice vengée, il a tout préparé.

Il a fait naître à son heure l'homme nécessaire. Il l'a choisi. Il l'a mené par toutes les étapes d'une brillante carrière jusqu'au commandement suprême de toute l'armée française. Il a mis près de lui des lieutenants qui compléteront son génie, qui sauront exécuter ses ordres, suivre docilement ses directives, le seconder dans l'accomplissement de sa formidable tâche. Il lui a donné des soldats, qui par leurs vertus guerrières se montreront les plus grands soldats du monde. Parmi ces soldats, il a choisi ceux qui devaient tomber dans le combat, et il leur a dit :

« Je veux vous ouvrir mon Paradis de bonheur et de gloire ; mais avant de faire de vous des triomphateurs éternels, je veux que vous soyez les artisans d'une victoire sublime et rédemptrice, sublime et libératrice. Je veux que par votre sang la France soit rachetée, que par votre sacrifice elle soit sauvée et avec elle dans le monde l'œuvre de justice, de bonté, de liberté, l'œuvre d'amour de mon Fils le Christ ! »

*
* *

Je vous disais tout à l'heure : La volonté de vaincre était en vous, mes chers camarades, et dans toute la France, dans le chef de l'armée comme dans le dernier fantassin, dans le chef de l'Etat comme dans l'ouvrière d'usine, comme dans l'enfant laboureur.

Oui, mais elle était aussi en Dieu, cette volonté de vaincre. Dieu lui aussi voulait la victoire, notre victoire, et c'est pourquoi nous avons triomphé.

Que serait-il advenu, si Dieu nous avait dit : « Non, vous ne vaincrez pas ? »

En dépit de tous vos efforts, ô mes camarades, en dépit de tout votre héroïsme, ô nos morts, c'était la défaite fatale.

Mais ce n'est pas à nous qu'il a dit cela. Au contraire, à nous, Dieu a dit :

« On prétend que je suis avec les gros bataillons. S'il en était ainsi, je serais donc avec cette armée formidable qui s'est précipitée sur toi, France, avec tous ces corps d'armée qui t'ont envahie de toutes parts, avec toute cette artillerie lourde qui t'écrase et toutes ces mitrailleuses qui te fauchent... Non ! je suis avec le droit, avec la justice, avec ceux qui en vérité aiment la paix. Je suis avec toi, France, je veux que ce soit toi, ma France, qui sois victorieuse dans cette angoissante bataille où se jouent ta liberté et ton existence, car le peuple de l'honneur, de l'initiative, du progrès, qui s'est toujours mis au service des plus nobles causes et des plus grandes idées, qui depuis des siècles n'a cessé de semer sur tous les rivages du monde le vrai, le bien, la civilisation, ne peut périr, disparaître et manquer à l'humanité, car il faut qu'ici-bas la justice ait toujours un refuge et la liberté toujours une patrie. »

« *Si Deus pro nobis, quis contra nos ?* Si Dieu est avec nous, qui peut nous résister ? » s'écriait saint Paul, conquérant le monde païen à l'Evangile du Christ. « Si Dieu est notre allié, nous pouvons être seuls dans la lutte, qui peut nous vaincre ? » nous écrierons-nous à notre tour, et maintenant nous pouvons être rassurés, la victoire est certaine. Les hommes d'armes n'auront plus qu'à batailler, comme disait Jeanne d'Arc, et Dieu donnera la victoire.

Oui, Dieu interviendra à son heure, à sa manière, sans bouleverser les lois naturelles, sans faire une révo-

lution des choses qui serait au-dessus de toute explica-
tion rationnelle. Il suffira à Celui qui aveugle ceux
qu'il veut perdre d'abandonner nos ennemis à leur
psychologie faussée par leur rêve d'orgueil, à leur
stratégie trop rigide, mécanique, à leur ignorance de la
situation réelle, à la direction hésitante d'un Etat-Major
débile et sans initiative. La première armée allemande,
l'armée de von Kluck, s'enfoncera obstinément pendant
six jours vers le sud-est, sans qu'un seul des agents
ennemis, dont fourmille pourtant le camp retranché de
Paris, vienne lui signaler qu'il y a sur son flanc droit
une armée prête à entrer en ligne, une armée comman-
dée par un chef résolu, le maréchal Maunoury, et résolue
elle-même comme toute l'armée française à vaincre ou
à mourir.

Voilà, mes Frères, où apparaît, dans l'heureux événement que nous commémorons, l'action providentielle de
Dieu.

*
* *

O mon pays, tu as un cœur trop grand pour être
ingrat, pour oublier qu'un jour, il y a onze ans, Dieu
est intervenu pour te sauver de la ruine et de la mort.
Quand tu retrouves tout au long de ton histoire les
bienfaits divins dont tu fus comblé, tu peux t'écrier :
« Les miséricordes de Dieu pour moi, je les louerai d'un
cantique éternel ». Et nous, mes chers camarades,
combattants de la bataille de la Marne, qui avons encore
présentes à la mémoire ces heures tragiques et qui
savons de quel irréparable malheur nous avons été
sauvés, nous pouvons répéter ce que disait un des
grands chefs vainqueurs, celui qui devait, quatre ans
plus tard, gagner la seconde bataille de la Marne,
le maréchal Foch :

« *Non nobis, Domine, non nobis, sed nomini tuo da
gloriam !* Pas à nous, Seigneur, pas à nous, les chefs,
si grand qu'ait été notre génie, pas à nous, les soldats,
si fort qu'ait été notre courage, pas même à notre

France bien-aimée, si lourdes qu'aient été ses souffrances, si généreuse qu'ait été son immolation, mais à vous, Seigneur, à vous qui êtes la miséricorde, à vous qui avez eu pitié de nous, à vous qui avez daigné ajouter à notre pauvre sagesse et à nos pauvres efforts votre sagesse infinie et votre toute-puissance, à vous, Seigneur, toute la gloire de notre triomphe ! »

*
* *

Il s'est trouvé dans l'histoire de l'humanité un homme qui s'est posé cette question : « Qu'est-ce que la vie ? » et il y a lui-même répondu : « Ici-bas, la vie est une bataille, *militia est vita hominis super terram.* »

Jamais, me semble-t-il, la parole du saint patriarche n'a été plus vraie. Partout, autour de nous, c'est la lutte incessante, c'est la bataille...

C'est la bataille sur tous les terrains, sur le terrain économique, sur le terrain financier, sur le terrain social... C'est la bataille encore à l'heure actuelle sur une terre française où notre armée doit lutter avec tout son savoir et tout son courage, doit lutter et vaincre, pour sauver notre prestige, pour conserver notre empire colonial, pour mettre une barrière infranchissable à la barbarie de l'Islam.

Eh bien ! quand on fait appel, dans cette lutte, aux grandes forces de la nation, que nous dit-on ? On nous dit : « C'est une nouvelle bataille de la Marne qui se livre. Il faut qu'elle s'achève par une victoire ! »

Cela veut dire, mes Frères, que pour gagner cette bataille, pour remporter cette victoire, pour sauver la France, nous devons apporter toute notre intelligence, tout notre courage, tout notre esprit de sacrifice et la meilleure union... Oui, certes, nous apportons, nous voulons apporter tout cela, et largement, et sans compter. Mais pourquoi ne demanderions-nous pas le secours de Celui sans qui aucun succès n'est possible ? Pourquoi n'appellerions-nous pas Dieu à notre aide et ne le prierions-nous pas de renouveler cette heure glorieuse, où la France et Lui communièrent dans une même volonté pour la plus belle et la plus sainte victoire? Est-ce que par hasard nous hésiterions à croire en Dieu?... Mais, que nous le voulions ou que nous ne le voulions pas, Dieu existe, et de cette existence de Dieu, je ne veux qu'une preuve : Si Dieu n'existait pas, qui donc récompenserait comme ils le méritent tant de héros méconnus ? Qui donc sauverait nos morts de l'oubli que déjà on laisse tomber sur eux ? Qui donc rétablirait la justice faussée par des pardons trop faciles et trop oublieux des sacrifices de la guerre?

Puisque Dieu existe, puisque, dans la grande bataille d'il y a onze ans, il a été notre allié et qu'il nous a donné la victoire, puisqu'il peut encore intervenir en notre faveur et nous sauver, pourquoi, encore une fois, ne pas l'appeler à notre secours? Nous avons des batailles à livrer, dites-vous, nous avons des victoires à remporter? Gagnons-les donc, ces batailles, remportons-les, ces victoires, par nos efforts, par notre inlassable dévouement à la chose commune, par nos sacrifices, oui, mais aussi en appelant Dieu à notre aide, — Dieu, qui, en dépit de toutes les ingratitudes, de tous les abandons, de tous les reniements, a aimé, aime et aimera toujours la France, la France fidèle à ses traditions, fidèle à ses gloires, fidèle à ses morts, fidèle à tout son passé chrétien, la vraie France des vrais Français, — la vôtre, mes Frères !

Ainsi soit-il.

IMP. CHAMPENOISE, LANGRES